INTRODUCTION

À

L'HISTOIRE DU BUDDHISME

INDIEN,

PAR E. BURNOUF,

MEMBRE DE L'INSTITUT DE FRANCE, ETC., ETC.

ARTICLE DE M. BIOT.

EXTRAIT DU JOURNAL DES SAVANTS, AVRIL, MAI ET JUIN 1845.

Je puis faire déjà pressentir la nature de ce remarquable ouvrage, en expliquant pourquoi il ne m'a pas été impossible d'en rendre compte. À la vérité il est établi tout entier sur des textes sanscrits, récemment découverts, jusqu'ici non interprétés, dont il contient de longs et de nombreux fragments. Mais, en ne refusant pas à l'auteur ce que toute l'Europe érudite lui accorde, je veux dire une connaissance profonde de la langue sanscrite et des dialectes qui en sont dérivés, ces textes, dont il rapporte seulement les traductions fidèles, deviennent autant de documents religieux, philosophiques et historiques, dont la discussion est accessible pour tout le monde. C'est sous ce point de vue, surtout, qu'il les présente, faisant une complète abnégation de l'immense travail auquel il a dû se résoudre pour les compulser, les lire, les interpréter et les mettre en ordre. Laissant donc à d'autres l'appréciation du savoir

---

[1] Cap. XVII, 8. — [2] Cap. XVII, 12. — [3] Cap. XIII, 8. — [4] L'auteur écrit *buddhisme*, avec un *u* simple, ayant conventionnellement adopté la prononciation italienne de cette lettre dans les mots qu'il transporte du sanscrit en français. Pour ne pas embarrasser la généralité de nos lecteurs par un dérangement de leurs habitudes, nous reprendrons, dans les extraits qui vont suivre, notre prononciation usuelle. Ainsi nous écrirons *bouddhisme*, *Bouddha*, *Pourâna*, et *Népaul* au lieu de *Népal*, nom anglais de même son, quoique d'une orthographe différente.

philologique qui a été indispensable pour remplir cette tâche, je les
considérerai, avec lui, comme le sujet d'une étude historique et morale
toute nouvelle, qui me semble être l'objet spécial de son ouvrage, et
aussi le but le plus important qu'il pût se proposer d'atteindre.

On a dit souvent que les croyances religieuses, répandues chez les différents peuples du monde, offrent un des éléments les plus caractéristiques de leur histoire. Cette proposition est de toute évidence. En effet, les
idées dont ces croyances se composent, grossières ou pures, matérielles
ou abstraites, se rattachent toujours aux conditions organiques selon lesquelles ces sociétés existent; et, soit qu'elles s'associent à la fixité de ces
conditions par leur constance, ou les suivent dans leur variabilité, elles
en portent toujours l'empreinte, non-seulement dans leurs formes extérieures, mais jusque dans leurs principes moraux. Sous ces deux rapports, l'histoire du bouddhisme indien primitif était une de celles qu'il
importait le plus d'établir d'après des textes certains. Car, ne possédant,
jusqu'ici, aucun document historique positif sur l'Inde ancienne, ni même
aucune relation, détaillée et certaine, qui remonte aux temps où les premiers conquérants occidentaux y ont pénétré, l'histoire, les traditions,
les légendes mêmes, d'une secte religieuse qui s'y est élevée avant ces
époques, au milieu de croyances déjà établies, en opposition avec elles
et avec les formes sociales qu'elles consacraient, ne peut manquer de
nous donner, sur l'organisation existante alors, des notions aussi précieuses par leur antiquité que par leur certitude. Or c'est ce que l'auteur de l'histoire du bouddhisme indien s'est surtout attaché à en faire
sortir.

Pour le suivre dans sa marche, sans interruption et sans obscurité,
il faut poser préliminairement quelques notions générales sur ce sujet
peu connu, si ce n'est du petit nombre d'indianistes érudits qui, depuis
soixante ans, au plus, ont cherché à y porter la lumière. Il est nécessaire
de savoir, d'abord, que le mot *Bouddha* ne désigne pas nominativement un
homme; c'est un titre ascétique, auquel quelques êtres privilégiés sont
appelés, par une prédestination que doit rendre efficace une longue
suite de bonnes œuvres, accomplies sous la forme humaine. Le fonda-
teur de cette croyance, ou, pour en parler le langage, le *Bouddha humain* de la période physique actuelle, s'appelait de son nom *Sakia*. Les
traditions les plus plausibles placent l'époque de son apparition vers le
vi^e ou viie siècle avant notre ère. D'autres la font remonter quatre siècles
plus haut. Toutes s'accordent à le présenter comme né dans la caste mi-
litaire, un fils de prince, que le désir d'atteindre la perfection morale
détermina à se retirer, pendant une longue suite d'années, dans la soli-

tude, ce qui lui a fait donner le surnom de *Mouni*, qui signifie le *Solitaire*, comme le μόνος grec. De là le nom complexe de Sâkia-Mouni, par lequel il est souvent désigné. Quant aux détails de sa vie, de ses œuvres, de sa doctrine, ils forment l'objet de ce premier volume de M. E. Burnouf, que nous allons analyser [1].

Sans prétendre anticiper sur une discussion qui trouvera sa place dans le deuxième volume de l'ouvrage de M. Burnouf, et, comme simple renseignement de fait, offrant une limite de date certaine, je rapporterai ici une indication historique dont je suis redevable à la complaisance active de M. Stanislas Julien. J'avais prié ce savant sinologue de vouloir bien chercher, dans les anciens historiens de la Chine, un témoignage authentique, aussi voisin que possible de l'ère chrétienne, qui attestât une notion précise du Bouddha indien, à une époque contemporaine ou antérieure. Il l'a trouvée dans les annales des Han, rédigées par l'historiographe Pan-kou, sous l'empereur Ming-ti, entre les années 58 et 76 de notre ère. En donnant la biographie du général chinois Ho-kiu-ping, qui commanda une expédition militaire envoyée par l'empereur Wou-ti contre les Hiong-nou, Pan-kou, liv. LV, fol. 7 v° de ses annales, s'exprime dans les termes suivants :

« Dans la troisième année de la période Youan-cheou (120 ans avant l'ère chrétienne), il (Ho-kiu-ping) prit le dieu d'or (littéralement l'homme d'or) auquel Ho-tchou, roi des Hiong-nou, sacrifiait. »

Le commentateur Tchang-yen dit, à cette occasion : « Les bouddhistes sacrifient à un homme d'or (un personnage divin représenté sous la forme d'un homme de couleur d'or). »

Un autre commentateur des annales des premiers Han, Yen-sse-kou, ajoute : « C'est la statue de Bouddha, telle qu'on la connaît aujourd'hui. »

M. Stanislas Julien a trouvé ce fait reproduit par tous les historiens postérieurs qui ont parlé de l'expédition à laquelle il se rapporte. La désignation d'*homme d'or* résulte de ce que la statue de Bouddha était d'or, ou de pierre dorée, représentant un homme dans l'attitude de la méditation. Ils ajoutent que l'empereur Wou-ti la fit placer dans le temple de Kan-tsiouen ; qu'on ne lui offrait pas proprement de sacrifices, mais qu'on se bornait à se prosterner devant elle et à brûler des parfums en son honneur. Ce sont là exactement les rites bouddhiques primitifs, comme on le verra plus loin. Toutefois, ces détails étant consignés dans des ouvrages de temps postérieurs, je ne les présente que comme confirmatifs du sens qu'il faut indubitablement attribuer à l'expression d'*homme d'or*, employée par Pan-kou pour désigner la statue dont il s'agit.

Pour sentir la force et les conséquences de ce témoignage historique, il faut se rappeler que les Hiong-nou étaient des peuples nomades très-belliqueux, habitant au nord du désert de Gobi, qui seul les séparait des provinces boréales de la Chine, dans lesquelles ils faisaient de fréquentes incursions. De là résultait une sorte d'état de guerre continu entre eux et les empereurs chinois. Dans la première partie du second siècle avant l'ère chrétienne, les Hiong-nou devinrent très-puissants, et, ayant défait les Yue-tchi qui étaient leurs voisins, ils les rejetèrent à l'ouest jusque dans la contrée appelée alors par les occidentaux la Transoxiane, où ces peuples parvinrent à se fixer. Par la succession de ces événements, les vainqueurs et les vaincus se trouvèrent ainsi amenés aux confins de l'Inde, avec laquelle ils durent avoir des rapports, et d'où ils purent recevoir les notions du boud-

Tous ces détails l'auteur les puise exclusivement dans les ouvrages bouddhiques originaux, rédigés en sanscrit, que M. Brian-Houghton-Hodgson, résident anglais à la cour du Népaul, découvrit il y a environ vingt ans dans cette contrée, où le bouddhisme est encore la religion dominante, et où l'on conçoit, en effet, qu'il a eu plus de facilité pour échapper à la persécution brahmanique, par l'isolement de cette vallée confinée au nord de l'Inde, et cachée dans l'enceinte que forment autour d'elle les hautes chaînes de L'Himalaya. Animé d'un sentiment généreux, qu'il faut louer, quoique, grâce au progrès de la véritable civilisation humaine, il ne soit plus rare de nos jours, ce sentiment qui fait considérer tous les hommes voués à la culture des lettres et des sciences comme n'ayant qu'une commune patrie intellectuelle, M. Hodgson s'empressa de mettre la Société asiatique de Paris, aussi bien que celle de

dhisme. L'empereur chinois, ayant appris le désastre des Youe-tchi, envoya vers eux un de ses généraux, Tchang-tsien, pour essayer de les ramener contre les Hiong-nou ; mais ceux-ci, ayant pénétré ce dessein, arrêtèrent Tchang-tsien et le retinrent prisonnier pendant dix années. Parvenu à leur échapper, il retrouva les Youe-tchi dans leur nouvel établissement. Arrêté une seconde fois à son retour, il s'échappa encore, et rapporta en Chine des renseignements qui donnèrent lieu à la nouvelle expédition militaire des Chinois, 120 ans avant notre ère. Dans celle-ci les Hiong-nou furent vaincus, leur roi fait prisonnier, et la statue de Bouddha fut rapportée en Chine, comme un des trophées de la victoire, ainsi que Pan-kou l'a raconté.

Le bouddhisme s'est propagé, comme principe de croyance religieuse, chez toutes les nations situées à l'orient et au nord de l'Asie centrale, en subissant, dans ce transport, les modifications que la diversité des coutumes, des institutions politiques et du temps, devaient naturellement y introduire. Quelques religieux chrétiens du XIII° siècle l'ayant trouvé en Tartarie, associé à des formes extérieures qui rappelaient celles de l'Église catholique, dans des lieux où s'étaient aussi établis des prêtres chrétiens, qu'ils ont dit appartenir à la secte de Nestorius, on a voulu inférer de là que le bouddhisme était une sorte de christianisme, importé dans l'Orient par les nestoriens ; et cette idée a été quelquefois inconsidérément accueillie par le zèle d'une orthodoxie peu prudente. Indépendamment des traditions indiennes, le fait rapporté par l'historien Pan-kou détruit manifestement cette supposition par son antériorité. Mais on a voulu aussi tirer des mêmes apparences la conséquence inverse, c'est-à-dire que le christianisme aurait emprunté au bouddhisme indien quelques parties de ses formes, et peut-être de ses principes moraux. Or, si l'on compare les systèmes de doctrines qui caractérisent ces deux croyances, et les circonstances, seulement humaines, qui ont accompagné leur développement, il est aisé de reconnaître que cette dérivation serait philosophiquement, non moins qu'historiquement, impossible. Car il y a entre les deux doctrines un immense abîme moral. Toute personne qui aurait pu partager cette idée, et qui lira l'ouvrage de M. E. Burnouf, non-seulement reconnaîtra avec la plus complète évidence qu'elle n'a aucun fondement, mais regrettera d'avoir pu, un moment, croire à un rapprochement si monstrueux.

Londres, en participation de ses découvertes. Il lui fit d'abord don, en 1837, de vingt-quatre ouvrages sanscrits, parmi lesquels plusieurs ont une étendue considérable. Ce présent fut suivi d'un envoi encore plus précieux, contenant les copies de soixante-quatre manuscrits où se trouvait à peu près tout ce que la société de Londres avait reçu de lui. Et, comme la Société asiatique du Bengale avait antérieurement envoyé à celle de Paris la grande collection des ouvrages bouddhiques traduits en tibétain que l'on appelle le *Kah-gyur*, il n'y avait plus à désirer que l'intervention d'un orientaliste assez dévoué, assez laborieux, et, en même temps aussi, assez versé dans la langue sanscrite et ses annexes, pour oser entreprendre d'explorer, puis de mettre en œuvre, la masse de matériaux réunis par cette honorable confraternité. C'est là ce que M. E. Burnouf vient de faire.

Après avoir rendu à la libéralité de M. Hodgson le plus juste et le plus complet hommage, il discute d'abord, dans son introduction, la valeur de ces textes, et, avant tout, leur authenticité comme documents indigènes. Il l'infère d'abord des circonstances spécialement favorables dans lesquelles s'est trouvé M. Hodgson pour constater la foi, et le caractère de sources religieuses primitives, qu'y attachent les prêtres bouddhistes de qui il les a obtenus. Il l'appuie ensuite sur cette assertion, avancée par le même savant, que les livres admis comme autorité chez la plupart des nations de l'Asie converties au bouddhisme ne sont que des traductions de ces textes sanscrits mêmes, assertion confirmée depuis par les analyses détaillées que Csoma de Cörös a données de la grande bibliothèque tibétaine du Kah-gyur, intitulée *Traduction des préceptes*. Car, par les rapprochements déjà faits, et par des confrontations nouvelles, M. E. Burnouf montre que la plupart des traités bouddhiques dont cette collection se compose se retrouvent en sanscrit dans celle du Népaul. Il étend la même conclusion aux livres bouddiques des Mongols, en prouvant que les titres de plusieurs de ces livres, contenus dans la collection que feu M. Schilling de Canstadt a donnée, en 1837, à l'Institut de France, les présentent comme identiques à autant de traités sanscrits de la collection népalaise. Enfin, il établit que cette identité existe également pour un grand nombre de livres bouddhiques écrits en chinois, et considérés comme sacrés par les bouddhistes de la Chine; ce qu'il déduit tant des remarques déjà faites sur ce point par A. Rémusat et M. Landresse, que de renseignements qui lui ont été donnés par M. Stanislas Julien. Le résultat constant et uniforme de toutes ces comparaisons le met donc en état d'établir, avec une entière certitude, la conclusion suivante, que je reproduis dans les termes par lesquels il l'a exprimée.

« La plupart des livres réputés sacrés par les bouddhistes du Tibet, de
« la Tartarie et de la Chine, ne sont que les traductions des textes sans-
« crits récemment découverts au Népaul; et ce fait seul marque positi-
« vement la place de ces textes dans l'ensemble des documents que les
« nations de l'Asie citées tout à l'heure fournissent à l'histoire générale
« du bouddhisme. Il nous les présente comme les originaux dont ces
« documents ne sont que des copies; et il restitue à l'Inde et à sa langue
« native l'étude d'une religion qui a eu l'Inde pour berceau. »

J'interromps un moment l'ordre suivi par M. E. Burnouf dans son
ouvrage pour placer ici un fait analogue au précédent, qu'il a dû seulement rappeler comme suffisamment connu des érudits, en reportant
plus loin sa discussion spéciale, mais qu'il me parait nécessaire de présenter dès à présent à nos lecteurs pour l'intelligence de ce qui va suivre.
Le bouddhisme existe encore, de nos jours, comme croyance religieuse,
dans une contrée de l'Inde distincte du Népaul, mais isolée aussi du
centre de la domination brahmanique, je veux parler de Ceylan. Les
doctrines bouddhiques, telles qu'on les y conçoit, ont été consignées
dans des livres réputés inspirés comme ceux du Népaul, et pareillement
écrits dans une langue indienne, le pâli, qui est un dialecte dérivé du
sanscrit, avec lequel il est à peu près dans les rapports de l'italien au
latin. Ces livres ont aussi l'autorité de textes canoniques, non-seulement
pour les bouddhistes singalais, mais pour ceux du Birman, du Pégu, de
Siam. Ils ont été successivement découverts entre les mains des prêtres
de Ceylan par les agents du gouvernement anglais, qui, sur toute l'é-
tendue de l'Inde, ont su allier, avec tant de fruit, les recherches d'anti-
quités et de littérature orientale, avec leurs fonctions administratives.
Aucun n'a plus contribué à les faire connaitre que M. George Turnour.
Sa longue résidence à Ceylan lui ayant fait acquérir une grande connaissance littéraire, ainsi que pratique, de la langue pâlie, M. Turnour a
donné une liste très-étendue de ces livres, dont il était parvenu à obtenir
la communication. Il a, en outre, traduit et *publié* l'un des plus impor-
tants, le *Mahawanso*, où l'on trouve une chronique historique exprimant des dates relatives continues, dont la série, à partir de la mort du
dernier Bouddha, parait n'être pas altérée par le système indéfini de fictions religieuses propre aux ouvrages brahmaniques. « Il y a, dit M. Bur-
« nouf, un fait décisif et tout à l'avantage de la littérature bouddhique,
« c'est que l'histoire de l'Inde ne commence à s'éclaircir qu'à l'époque de
« Sakia-Mouni. A partir de ce sage, l'Inde centrale se couvre de monu-
« ments et d'inscriptions véritablement historiques : on voit s'établir de
« précieux synchronismes entre ce pays et l'histoire des peuples occiden-

« taux ; les livres bouddhiques s'enrichissent de détails et d'indications
« d'un caractère réellement positif, qui sont encore les plus intéressants
« que nous possédons sur l'état de l'Inde, depuis le vi⁰ siècle environ
« avant notre ère. » Voilà pourquoi M. Burnouf avertit que son premier
volume conduira seulement le bouddhisme *indien* jusqu'au point où il
entre dans l'histoire. La naissance et l'établissement primitif de ce fait
était, en effet, le premier pas d'où devaient procéder les recherches ul-
térieures ; et c'est surtout l'espérance de leur donner ainsi une base certaine, qui a dû soutenir, dans ce travail si difficile, un esprit tel que
le sien.

Il lui faudra donc, comme il l'annonce, faire, sur la collection
bouddhique du sud de l'Inde, un travail pareil à celui qu'il a effectué, dans ce premier volume, sur celle du nord ; c'est-à-dire l'exami-
ner individuellement en elle-même, indépendamment de l'autre, signaler les similitudes ou les différences qu'elles présentent, et assigner
à chacune son degré d'autorité absolue, ainsi que les époques relatives
de l'histoire du bouddhisme auxquelles on doit les rapporter. Préparé à
cette étude par les recherches qu'il a depuis longtemps publiées sur la
langue pâlie, M. Burnouf la renvoie au second volume de son ouvrage.

Revenant à l'introduction de celui-ci, dans lequel il expose la marche
qu'il s'est proposé de suivre, il aborde une question qui se présente
d'elle-même, après ce que nous venons de raconter. Puisque les textes
sanscrits du Népaul ont été, pour la plupart, traduits par les bouddhistes eux-mêmes dans des langues encore existantes, que l'on sait parfaitement interpréter, ne serait-il pas à la fois sûr et suffisant d'étudier les
principes du bouddhisme et son histoire dans ces traductions, plutôt
que de chercher à les extraire des livres originaux par un travail philologique, effectué en Europe, loin du secours des Hindous instruits, qui
peuvent avoir conservé le dépôt de l'interprétation traditionnelle, et le
reproduire plus fidèlement que des étrangers ? A cela M. Burnouf répond d'abord qu'il n'y a rien, dans toute la littérature sanscrite, d'aussi
aisé à comprendre que les textes du Népaul, sauf quelques termes auxquels les bouddhistes ont donné un sens conventionnel, tout spécial et
pour ainsi dire technique ; de sorte que, outre les difficultés que les traducteurs ont dû avoir à bien saisir ce sens, ils ont dû en éprouver de
plus grandes encore pour le transporter sans altération, par des équivalents exacts, dans des langues non accoutumées à exprimer des abstractions. La justesse générale de cette remarque est parfaitement confirmée par ce que M. Stanislas Julien m'a dit avoir reconnu lui-même,
en se préparant à traduire la relation du voyage fait au vii⁰ siècle dans

l'Inde par le bouddhiste chinois Hiouan-tsang. Car elle est écrite avec des formes et des expressions si différentes de la langue chinoise ordinaire, que, pour en reproduire le sens avec fidélité, il a dû commencer par se faire lui-même un vocabulaire particulier de ce chinois bouddhique, qui lui a coûté un immense travail; et encore cela ne lui a été possible à effectuer qu'en profitant des secours que sa grande érudition lui a fait découvrir dans des livres chinois spécialement composés par des religieux bouddhistes, pour fixer ces concordances. Or de pareilles ressources ne sauraient être espérées dans aucune autre littérature de l'Asie. Ce fait, que M. Burnouf ne pouvait pas connaître lorsqu'il écrivait son ouvrage, a été, pour ainsi dire, prévu logiquement par lui dans un passage que je rapporterai textuellement, parce qu'il montre avec évidence tout l'avantage que les textes sanscrits originaux présentent, pour le but sévèrement historique qu'il s'est proposé.

« Le génie de l'Inde, dit-il, a marqué toutes ses productions d'un ca-
« ractère tellement spécial, que, quelque supériorité d'esprit et quelque
« liberté dans leurs moyens que l'on puisse supposer aux traducteurs
« orientaux, on ne peut s'empêcher de reconnaître qu'ils ont nécessaire-
« ment dû transporter, dans leurs versions, certains traits de l'original
« qui resteront souvent inintelligibles au lecteur qui n'a pas la faculté
« de recourir au texte indien lui-même. Il y a plus, le but même de ces
« traducteurs a dû être de reproduire, le plus fidèlement qu'il leur était
« possible, la couleur indienne si fortement empreinte dans les ouvrages
« qu'ils voulaient populariser. De là ces versions dans lesquelles les noms
« propres, et souvent aussi les termes spéciaux de la langue philoso-
« phique et religieuse du bouddhisme, ont été conservés avec une atten-
« tion désespérante pour celui qui ne peut en chercher la signification
« dans l'idiome auxquels ils appartiennent [1]. De là ces traductions qui
« sont des imitations matériellement exactes de l'original, mais qui, tout
« en retraçant ses traits extérieurs, n'en expriment pas plus l'âme que
« le calque d'un tableau, qui s'arrêterait aux contours des figures sans
« en reproduire la partie colorée et vivante, ne reproduirait ce tableau.
« Sous ce rapport, les textes originaux ont, sur les traductions qui les
« répètent, un avantage incontestable; et, toutes choses égales d'ailleurs,
« le traducteur d'un livre bouddhique, écrit en sanscrit, se trouve placé
« dans des conditions moins défavorables, pour le bien comprendre, que

---

[1] C'est précisément ce travail préalable de restitution et de concordance que M. Stanislas Julien a effectué pour la traduction du Voyage de Hiouan-tsang, qu'il prépare actuellement. Mais il aurait été inexécutable, et même inabordable, pour tout autre que lui.

« le traducteur du même texte, reproduit dans la langue d'un des peuples
« de l'Orient chez lesquels le bouddhisme s'est établi.

« Mais ce n'est pas seulement par les traits qu'elle conserve de l'ori-
« ginal sanscrit, qu'une traduction chinoise, tibétaine ou mongole, sera
« quelquefois plus obscure que le texte, et conséquemment doit lui être
« inférieure, aux yeux de la critique; c'est encore, et en particulier, de
« tout ce qu'elle en efface, que résulte l'infériorité de la version, com-
« parée à l'original. Quand, par exemple, les Chinois désignent un ou-
« vrage bouddhique comme traduit de la langue *fan*, c'est-à-dire, ainsi
« que l'a reconnu A. Rémusat, de la langue de Brahma, ils nous ap-
« prennent, sans doute, que le texte original a été écrit dans une langue
« indienne quelconque; mais il ne nous disent pas quelle est cette langue.
« Et, comme ils ont pu traduire beaucoup de livres sur des originaux
« pâlis, et que le pâli est aussi bien une langue indienne que le sanscrit,
« il arrive que la dénomination de langue *fan*, tout en exprimant un fait
« vrai, supprime la distinction qui permettrait de saisir, sous ce fait, un
« autre fait secondaire qui n'a pas moins d'importance que le premier,
« mais qui reste dans une obscurité profonde, savoir, si le texte était
« sanscrit ou pâli. Cet inconvénient, dont il est facile de pressentir l'effet,
« puisqu'il est historiquement nécessaire de savoir à quelle source a été
« puisé un ouvrage donné, doit avoir des conséquences assez graves,
« quand il s'agit de certains textes qui sont composés du mélange de
« divers styles, et souvent même de plusieurs dialectes; car, en revêtant
« d'une couleur uniforme un ouvrage dont les diverses parties portent la
« trace d'origines diverses, la traduction fait disparaître le seul indice
« par lequel on puisse reconnaître l'authenticité, ou même l'âge et la
« patrie de l'ouvrage. »

Ce n'est pas que M. Burnouf méconnaisse l'utilité générale de ces
traductions, ou qu'il veuille dissimuler l'importance des secours qu'elles
peuvent offrir, et dont lui-même a fait un fréquent usage; il relève, au
contraire, cette importance, en signalant, avec autant de précision que
de justesse, les circonstances dans lesquelles il devient presque indispensable de s'aider des textes traduits, et celles où il deviendrait dange-
reux de s'y confier sans réserve. A ces réflexions d'une critique ju-
dicieuse, qu'il a exposées dans les premières pages de son ouvrage, avec
tout le développement nécessaire pour que l'on comprît bien la portée
qu'il leur donne et les restrictions qu'il leur assigne, il ajoute plusieurs
exemples, mais un surtout, qui fait sentir, avec une complète évidence,
l'étendue et la nécessité de leur application à son sujet. Il le tire d'une
expression qui revient le plus souvent dans les textes bouddhiques, d'une

expression aussi la plus essentielle à bien comprendre, puisqu'elle désigne la dernière fin et le point culminant du bouddhisme, de sorte que tous les traducteurs des textes ont dû spécialement s'attacher à la reproduire par un équivalent fidèle. C'est le terme de *nirvâna*.

« Dans son acception la plus générale, dit M. Burnouf, le nirvanâ, « c'est-à-dire la délivrance ou le salut, est le but suprême que le fonda-« teur du bouddhisme a proposé aux efforts de l'homme. Mais qu'est-ce « que cette délivrance, et de quelle nature est ce salut? Selon l'étymo-« logie, ce serait l'anéantissement, l'extinction; mais à quoi s'appliquent « ces expressions privatives, et quel sens précis ont-elles dans le boud-« dhisme indien primitif?» C'est ce que M. Burnouf se propose de déci-der ultérieurement par la discussion des textes bouddhiques, népalais et singalais. Pour le moment, il se borne à indiquer la multitude évidente d'interprétations variées auxquelles elles se prêtent. Aussi retrouve-t-il cette infinie diversité dans les traducteurs, selon les sectes dont ils font partie, les institutions religieuses et sociales du pays qu'ils habitent, la langue qu'ils emploient. «Pour les théistes, le *nirvâna* est l'absorption de « la vie individuelle en Dieu; pour les athées, c'est l'absorption dans le « néant. Selon les interprétations tibétaines, c'est la mort du corps, « la délivrance des souffrances physiques, ou encore l'affranchissement « de la loi de la transmigration. Tout cela, remarque M. Burnouf, offre « des vestiges évidents d'une idée commune; mais, quand il s'agit d'ap-« précier exactement les systèmes religieux de l'antiquité, cette grande « et belle page de l'histoire de l'esprit humain, on ne peut apporter trop « de rigueur dans l'interprétation des termes fondamentaux, et il est de « la dernière importance de connaître le sens primitif de ces termes, de « les voir avec leur couleur et leur costume véritables. » Ces réflexions sont de la plus parfaite vérité; la conclusion nécessaire qui en résulte, c'est que de pareilles études ne peuvent être faites, avec une sûreté en-tière, que sur les textes originaux, quand on est assez heureux pour les avoir et les comprendre.

Ayant ainsi établi, pour tout le monde comme pour lui-même, la pu-reté primitive des textes qu'il avait dans les mains, et la nécessité cri-tique de les prendre désormais pour base fondamentale des études à faire sur le véritable bouddhisme de l'Inde ancienne, M. Burnouf aurait pu donner pour épigraphe au reste de son livre :

> Juvat integros accedere fontes
> Atque haurire !

Mais il s'est soigneusement préservé de cet entraînement trop naturel.

Après avoir employé trois années à lire individuellement ces textes, il en a traduit complétement un, *Le lotus de la bonne loi*, qu'il est sur le point de publier, et qui lui a servi de terme de comparaison, ou, comme il aurait pu dire, de dictionnaire d'idées pour bien comprendre tous les autres. Puis, se gardant bien de confondre, dans un ensemble systématique, les notions, les faits, les récits qui s'y trouvent rapportés, il a repris chaque texte l'un après l'autre; et, avec une critique judicieusement méfiante, il les a classés, non d'après des indications de dates, ils n'en contiennent point, mais d'après les caractères, presque aussi sûrs, d'antériorité ou de postériorité relatives, qu'un esprit intelligent et un philologue habile sait tirer des formes du langage, de la simplicité ou de la recherche du style, de la naïveté ou de l'artifice des récits. C'est là que nous le suivrons dans un prochain article. Il a eu grande raison de procéder avec cette prudence dans un sujet si neuf, et pourtant si encombré par toutes sortes de préjugés littéraires, tant de ceux qui naissent de l'ignorance des choses, que de ceux qui ont pu être excités, et presque justifiés, par l'apparition de systèmes formés trop hâtivement. La nation des érudits et des savants, en général, n'est pas disposée à sacrifier au dieu inconnu. Les négations les plus absolues lui servent assez indifféremment pour repousser le vrai comme le faux, dans ce qu'elle ignore. Le dédain est un oreiller si commode ! C'est là une condition nécessaire à subir dans la manifestation de toute vérité nouvelle; et elle n'a pas été épargnée aux hommes laborieux qui, depuis un demi-siècle, ont entrepris d'étendre les études orientales au delà de leurs limites anciennes. Mais, en toutes choses, la possession de la vérité ne peut s'obtenir qu'à ce prix, puisque, dans l'incertitude inhérente aux jugements humains, le vrai ne saurait être distingué du faux que par l'épreuve de la lutte et de la résistance, suivie du triomphe. Si ces réflexions semblent un peu trop austères, je les terminerai par la prière que le paysan du Danube adressait au sénat romain, de reporter tout son courroux sur le discoureur. Car ici, de même ce n'est pas tout que d'aimer un auteur, et de vouloir montrer ce que son œuvre a de louable, il faut encore ne pas lui nuire dans l'opinion de ceux à qui l'on s'adresse. Je me hâte donc de mettre fin à ce premier article, qui donnera seulement une idée du sujet traité par M. E. Burnouf, et du point de vue historique sous lequel il l'a envisagé, me proposant d'en consacrer quelques autres aux diverses parties dans lesquelles son ouvrage peut être subdivisé, sans déchirement logique. Dans une matière qui a paru, jusqu'à présent, fort obscure, quoiqu'elle ne le soit nullement après son travail, j'aime mieux les faire, au besoin, plus nombreux que longs; et, si cela était en mon pouvoir, je souhaiterais, à son honneur, qu'on les trouvât désirables, plutôt que fatigants.

Après avoir lu la totalité des textes sanscrits qui composent la collection bouddhique du Népaul, après avoir reconnu, par une analyse individuelle, leurs caractères propres, M. Burnouf a entrepris de les classer par époques relatives d'idées et de rédaction. C'était une opération très-difficile, à cause de la délicatesse avec laquelle il fallait manier les procédés critiques et philologiques, pour en obtenir des résultats assurés, en les appliquant à des sujets si neufs et si obscurs. Mais elle était rendue nécessaire par certaines circonstances spéciales, qui ont pu influer sur la rédaction de ces textes, circonstances qu'il me faut indiquer ici par avance, quoique l'auteur n'ait dû les mentionner que plus tard, lorsqu'il expose et discute les autorités qui les établissent.

Sakia-Mouni, comme on le verra bientôt d'après les textes, avait propagé sa doctrine par la prédication orale, adressée, sans distinction de personnes, à tous ceux qui venaient l'entendre. Ce fait, si important à remarquer dans un pays où la distinction des castes est telle, que les inférieures souillent les supérieures par leur seul contact, se présente comme d'autant plus certain, que le mode d'enseignement qu'il suppose pouvait seul s'adapter aux idées que Sakia voulait répandre. Après sa mort, ses disciples, déjà nombreux, sentirent le besoin de fixer la transmission de sa parole, et ils se réunirent, pour ce but, en assemblée générale, presque aussitôt après cet événement. Les doctrines ne paraissent pas avoir été alors consignées dans une rédaction écrite, mais seulement traduites en préceptes unanimement admis, et répétés oralement, jusqu'à ce qu'on eut constaté l'exacte identité de leur reproduction. Un second et un troisième concile, que l'on me passe ce terme, eurent lieu dans les siècles suivants, pour supprimer des hérésies qui s'étoient élevées, et régler les intérêts généraux du bouddhisme, qui avait acquis déjà une grande extension [1]. Il est presque impossible que, dès ces premiers temps, on n'ait pas consigné les doctrines reconnues orthodoxes dans des rédactions écrites, plus ou moins complètes, qui auront pu depuis être considérées comme canoniques à des titres divers; et le nombre des livres qui ont obtenu ce titre, ou qui auront aspiré à le mériter, a dû considérablement s'accroître, dans les IIIe, IVe, V^e et VIe siècles de notre

[1] Pour connaître les autorités qui établissent l'existence de ces trois conciles, et les époques, tant relatives qu'absolues, de leur convocation, voyez les mémoires de M. G. Turnour, *Journal of the Asiatic Society of Bengal*, t. VI et VII.

ère, lorsque le bouddhisme, devenu la religion dominante d'une grande partie de l'Inde, avait partout, comme le vit encore, au ve siècle, le voyageur chinois Fa-hien, des écoles diverses existant paisiblement les unes auprès des autres, sous des chefs distincts, dans des monastères nombreux, où des religieux, tranquilles sur leur sort, s'occupaient des divers points de leur croyance, et travaillaient à les coordonner, probablement aussi à en fortifier et en compléter l'ensemble par toutes les fictions, par toutes les notions de puissance surnaturelle, sans limites, auxquelles le brahmanisme avait accoutumé les imaginations faciles des peuples qu'il s'était soumis. Or il était indispensable de discuter comparativement les textes népalais, pour y discerner ceux que leur composition plus ou moins complexe devait faire rapporter avec vraisemblance à ces différents âges de rédaction, afin de chercher les caractères vrais du bouddhisme primitif dans ceux-là seuls que leur simplicité relative rapprocherait de son origine. C'est pour n'avoir pas fait cette distinction importante, ou pour n'avoir pas eu entre les mains des documents originaux auxquels ils pussent l'appliquer, que des érudits du premier ordre ont présenté la collection hétérogène des doctrines bouddhiques avec une unité de conception imaginaire, où les idées de toutes les époques sont accumulées confusément.

Procédant du connu à l'inconnu, comme on le doit faire dans toute recherche que l'on veut rendre rigoureuse, M. Burnouf prend d'abord, pour essai de répartition générale, je devrais plutôt dire pour type de raisonnement, la division universellement admise aujourd'hui dans l'Inde, au Tibet, à la Chine, des livres bouddhiques en trois grandes classes; le *sûtra pitaka*, ou discours de Bouddha, le *vinaya pitaka*, ou la discipline, et l'*abdhidharma pitaka*, ou les lois manifestées, c'est-à-dire la métaphysique; puis, il se demande si ces trois membres de la doctrine bouddhique existent dans la collection du Népaul avec cette régularité de distinction. Il ne les y trouve point, au moins sous ces titres spécifiques généralement appliqués. Ainsi, à la vérité, plusieurs traités appelés *sûtras* dans la collection tibétaine sont aussi désignés par cette même dénomination dans la népalaise; mais la subdivision des vinaya ne s'y voit pas, et elle y est remplacée par des textes de peu d'étendue appelés *avadânas*, c'est-à-dire *légendes* ou *récits légendaires*, lesquels, dans un mode de classification plus détaillé, qu'a exposé M. Hodgson, traitent proprement *du fruit des œuvres*, par quoi ils se présentent comme ayant des rapports plus ou moins directs avec le *vinaya*, ou la discipline, qui les prescrit. En effet, parmi les avadanas du Népaul, M. Burnouf en a trouvé deux qui sont relatifs à des points de discipline, puisque l'un

4.

traite du vase, du bâton et du vêtement des religieux, l'autre du vase à recueillir les aumônes. Quant à la division appelée l'*abdhidharma pitaka*, ou la métaphysique, comprenant les opinions que les bouddhistes se forment de tout ce qui existe, elle ne paraît ni dans les textes du Népaul que l'on possède à Paris, ni dans les listes générales et plus complètes que M. Hodgson en a données. Cependant le sujet embrassé sous ce titre n'est pas omis dans cette collection; car M. Burnouf l'y a retrouvé dans un traité intitulé *Pradjnâ pâramitâ*, « la perfection de la sagesse, » ou « la sagesse transcendante. » D'après ces comparaisons que je ne puis qu'indiquer, mais qui sont établies dans l'ouvrage de M. Burnouf par une multitude d'identifications positives, la collection népalaise se présenterait, non comme manquant d'aucune partie essentielle des doctrines bouddhiques, mais comme les contenant sous des divisions moins tranchées, moins systématiquement définies que celles qu'on leur a données dans des traductions générales, faites pour des peuples étrangers à l'Inde, sans doute après que leur ensemble eut été plus complètement formé. N'est-ce pas là un caractère qui décèle, non-seulement l'antériorité relative, mais encore l'ancienneté absolue des textes qui composent cette collection?

Le résumé qui précède, tout imparfait qu'il est, prouve suffisamment que, pour retrouver les traits réellement primitifs du bouddhisme, M. Burnouf devait s'attacher à les chercher dans les sutras, qui, étant présentés comme contenant les propres paroles de Sakia-Mouni, devaient les reproduire plus distinctement que les autres textes, dont les titres, le sujet, la composition, annoncent plutôt des conceptions ou des pratiques dérivées de son enseignement que cet enseignement lui-même. C'est ce que M. Burnouf a fait; mais, comme on pouvait s'y attendre, d'après le mode de transmission que nous avons raconté, il a trouvé aussi, entre les traités désignés sous le nom de *sutras*, des diversités de caractères qu'il lui a fallu soigneusement discerner et fixer, avant de choisir ceux qui pouvaient lui fournir des documents primordiaux. Ces caractères, il les a établis dans son ouvrage par des analyses textuelles, accompagnées de discussions critiques et philologiques, dont la reproduction serait impossible; mais je tâcherai, du moins, d'en rassembler assez de linéaments pour que l'on puisse bien voir le fil des idées qu'il a suivi, et apprécier la sûreté des conclusions auxquelles il est arrivé [1].

[1] J'ai à peine besoin de dire que, dans ce résumé, comme dans tout ce qui va suivre, les rapprochements, les distinctions, les analogies, sont entièrement extraits de l'ouvrage de M. Burnouf, et, autant que j'ai pu le faire, sont reproduits dans ses propres expressions, avec les seuls fils de jonction qui ont été indispensables

Les sutras ou discours de Sakia se trouvent sous deux sortes de désignations. Les uns sont spécifiés par ce nom seul; M. Burnouf les appelle *sutras simples*. D'autres sont dits *mahâ vâipulya sûtras*, ou sutras de grand développement; M. Burnouf les nomme des *sutras développés*. Dans la collection du Népaul, ces deux sortes de textes sont également écrits en sanscrit, mais un sanscrit d'une incorrection particulière, où certains mots sont pris dans des acceptions qu'on ne rencontre point dans la langue épurée des brahmanes, avec des formes, des idiotismes, des tournures populaires, analogues à ce qu'on retrouve dans les livres bouddhiques du sud, qui sont entièrement écrits en pali, dialecte populaire dérivé du sanscrit. Comme système de composition, ce sont toujours des discours plus ou moins étendus, dans lesquels Sakia, parvenu à l'état de Bouddha accompli, quoique gardant encore la forme humaine, et désigné par le titre de Bhagavat, le bienheureux, s'entretient avec un ou plusieurs de ses disciples, sur divers points de la loi, qui sont ordinairement indiqués plutôt que traités à fond. Suivant une tradition conservée dans un texte tibétain, dont on ne possède pas, jusqu'à présent, l'original sanscrit, ce mode d'exposition aurait été recommandé par Sakia lui-même. Mais il est employé avec des différences très-caractéristiques dans les deux classes de sutras. Les sutras simples sont écrits dans une prose dépourvue de toute recherche, où les phrases ont, en général, peu de développement. On y voit, de loin en loin, apparaître quelques stances consacrées à des maximes morales ou philosophiques, stances probablement fort anciennes, qui ne sont pas d'un meilleur style que la prose. Ces livres ont une couleur populaire qui frappe à la première vue; et la forme dialoguée qui y domine ordinairement leur donne l'apparence de conversations qui ont eu réellement lieu entre un maître et ses disciples. Les sutras développés conservent aussi la forme de dialogues; mais le style en est plus ample, plus diffus. Les propositions y sont toujours périodiques, et les périodes souvent immenses. Les stances poétiques, régulièrement intercalées avec la prose, en offrent toujours une longue paraphrase, et comme une sorte de commentaire perpétuel. Une autre différence, plus importante encore et plus caractéristique, se tire de la nature des personnages qui interviennent dans le dialogue, ou en présence desquels il a lieu. Dans les sutras simples, le Bouddha se trouve d'ordinaire dans une ville centrale de l'Inde, au milieu d'une assemblée de religieux qui l'écoutent. Cette

pour les rassembler, sous les yeux du lecteur, en une série logiquement continue.

assemblée, formée d'un nombre d'auditeurs généralement peu considérable, est accrue quelquefois par une foule de dieux, ou de sages divinisés de la mythologie brahmanique, qui, attirés par la puissance surnaturelle de Sakia, viennent, de tous les points du monde idéal, assister à ses entretiens et rendre hommage à ses perfections. Il est toujours le personnage principal, l'unique Bouddha vivant; et aucun être, réel ou fictif, n'apparaît comme lui étant supérieur. Dans les sutras développés, au contraire, l'auditoire de Sakia s'accroît d'une multitude de Bouddhas surhumains, qui ont paru au même titre que lui dans l'infinité des périodes physiques précédentes, et d'une égale multitude de personnages appelés *Boddhisatwas*, qui, pendant de longues successions d'existences réitérées sous la forme humaine, ayant mérité la faveur d'un ou plusieurs de ces anciens Bouddhas, vont attendre, dans un monde mystique, les époques distantes, mais fatalement réglées, où chacun d'eux doit reparaître sur la terre pour y devenir à son tour un Bouddha vivant. Dans celles de ces compositions qui appartiennent à une des sectes du Népaul, que l'on pourrait appeler l'école théiste, toute cette série de Bouddhas passés ou à venir se rattache à un Bouddha principal appelé *Adibuddha*, existant par lui-même, infini, omniscient, qui, par les cinq actes de sa puissance contemplative, a créé tous les Bouddhas ultérieurs, en les douant de toutes les perfections morales et surnaturelles qui doivent les caractériser; de sorte qu'il est, dans cette école, l'équivalent de Brahma, l'être absolu et impersonnel des brahmanes. Mais M. Burnouf ne trouve absolument aucune trace de cette notion d'un être supérieur à Sakia dans les sutras simples du Népaul; et il infère de cette absence que la doctrine primitive contenue dans ces textes est absolument athée; non en ce qu'elle nierait théoriquement l'existence d'un principe créateur, mais parce qu'elle n'en fait aucune mention et ne s'en sert point.

S'appuyant sur ces différences caractéristiques, et sur beaucoup d'autres considérations analogues que je ne puis énumérer, M. Burnouf conclut, avec toute évidence, que les sutras simples et les sutras développés appartiennent à des systèmes d'idées dérivés d'une même source, mais relativement distincts, et dont le moins complexe est nécessairement le plus ancien. Pour résumer cette conclusion, « Je « prends, dit-il, comme exemple, un sutra développé, tel que le *Ganda* « *viûha*, un des livres qui sont, au Népaul, l'objet d'une vénération par- « ticulière. Puis je propose à un lecteur versé dans la connaissance du « sanscrit, et doué, en outre, d'une patience robuste, de lire les cinquante « premiers feuillets de ce traité, et de dire ensuite s'il lui semble qu'un tel

« ouvrage soit un livre primitif, un livre ancien, un de ces livres par les-
« quels les religions se fondent, un code sacré en un mot? S'il y recon-
« naît le caractère d'une doctrine qui n'en est encore qu'à ses premiers
« débuts; s'il y saisit la trace du prosélytisme; s'il y rencontre les luttes
« d'une croyance nouvelle contre un ordre d'idées antérieures; s'il y
« découvre la société au milieu de laquelle s'essaye la prédication? Ou
« je me trompe fort, ou, après une telle lecture, celui dont j'invoque le
« témoignage n'aura trouvé dans ce livre que les développements d'une
« doctrine complète, triomphante, et qui se croit sans rivale; autre
« chose que les paisibles et rêveuses conceptions de la vie des cloîtres;
« autre chose que les vagues images d'une existence idéale, qui s'écoule
« avec calme dans les régions de la perfection absolue, loin de l'agitation
« bruyante et passionnée du monde. Or tous les sutras de grand déve-
« loppement, de grand véhicule, présentent des traits pareils, diversifiés
« seulement par quelques détails qui les rapprochent plus ou moins des
« réalités. » Sans avoir la science et la patience que M. Burnouf exige du
personnage qu'il prend hypothétiquement pour juge, deux qualités qu'il
a dû posséder lui-même au suprême degré, on peut constater la vérité
indubitable de cette conclusion, en lisant, dans un français accessible
à tout le monde, la traduction qu'il vient d'achever du *lotus de la bonne
loi*, l'un des sutras développés du Népaul dont la célébrité est telle, qu'il
a été traduit non-seulement en tibétain, mais aussi en chinois, à plusieurs fois différentes. Or cette lecture, qu'il a bien voulu me mettre en
état de faire sur les feuilles déjà imprimées, mais non publiées, de sa
traduction, n'inspirera à personne une autre idée que celle qu'il vient
d'exprimer si parfaitement.

Le voilà donc conduit, par voie d'exclusion, par une nécessité logique, à chercher, pour le moment, les éléments primitifs du bouddhisme
indien, dans les seuls sutras simples du Népaul, en y séparant les circonstances réelles, les détails naturels et positifs, des conceptions fabuleuses qui les accompagnent, lesquelles, dans l'Inde, sont l'accessoire
obligé de tout récit moral, religieux, philosophique ou même historique. C'est ainsi qu'un chimiste analyse des minéraux mélangés. Ce
départ, M. E. Burnouf l'effectue texte par texte, tirant de chacun les
traits qui caractérisent la doctrine du réformateur, sa condescendance
ou son opposition aux institutions politiques et religieuses qui l'envi-
ronnent, la facilité ou la résistance qu'il éprouve pour propager ses
idées parmi la population à laquelle il s'adresse. Chaque détail jaillit
ainsi avec sa preuve; et, lorsque des circonstances analogues en repro-
duisent plusieurs simultanément, l'auteur ne craint pas de le répéter

simultanément, comme ils apparaissent, pour en faire mieux apprécier la concordance. Il les montre à mesure, tels qu'ils se découvrent, sans système préconçu, avec leur individuelle originalité. Ce mode d'exploration successive, dont les résultats se confirment mutuellement, par l'accord dans la diversité, et la connexion dans l'indépendance, ne pourrait être mis sous les yeux de nos lecteurs sans citer le travail entier de M. Burnouf, et j'affaiblirais la conviction qu'il doit inspirer, si j'essayais de le reproduire par parties. C'est pourquoi je me bornerai à réunir, dans un tableau général, les conséquences de fait qui en résultent, et dont chacun pourra, s'il le veut, trouver les preuves dans l'ouvrage même. Ceci convenu, je n'ai plus qu'à être un narrateur fidèle, je devrais plutôt dire, un copiste exact.

Montrons d'abord le lieu de la scène et les caractères des personnages qui la remplissent. L'enseignement de Sakia se donne par prédication, au milieu d'une société soumise à toutes les institutions, à toutes les croyances brahmaniques, qui semble aussi très-corrompue. Sakia, issu lui-même des plus hauts rangs de la caste militaire, préparé par l'éducation brahmanique la plus relevée, ayant accompli les épreuves qui signalent les ascètes les plus vénérables, s'adresse indistinctement aux hommes de toutes les conditions. Princes, brahmanes, guerriers, marchands, mendiants, hommes, femmes, viennent converser avec lui ou l'entendre, quelquefois isolément, mais, pour l'ordinaire, réunis et entremêlés. Il ne les distingue que par leur aptitude à recevoir sa loi, et par le degré de perfection où ils sont parvenus dans l'exercice des vertus morales, parmi lesquelles il leur recommande surtout la patience, la résignation, le détachement de toutes choses mondaines, la pauvreté volontaire, la chasteté, l'aumône, la charité étendue à tous les êtres vivants, et poussée jusqu'au sacrifice volontaire de la vie; il ne s'érige point en réformateur théorique de la religion admise par le peuple qui l'entoure. Les principales divinités du panthéon brahmanique sont mentionnées dans ses entretiens, mais comme subordonnées à ses perfections et à son titre de Bouddha accompli. Il ne réprouve pas non plus la distinction des castes, ni ne la blâme. Au contraire, il l'accepte comme un fait social existant. Mais il les éteint par la pratique, dans la communauté de croyance en lui. « Ma loi, dit-il, est une loi « de grâce pour tous. Ânanda, son disciple favori, après une marche « fatigante, rencontre une jeune fille qui puisait de l'eau à une fon- « taine, et il lui demande à boire. La jeune fille, craignant de le souiller « par son contact, l'avertit qu'elle est née dans la caste mâtanga, et qu'il « ne lui est pas permis d'approcher un religieux. Ma sœur, répond

« Ânanda, je ne m'enquiers point de ta caste, ni de ta famille ; je te de-
« mande seulement de l'eau si tu peux m'en donner. Touchée d'une
« bonté si rare, Prakriti, c'est le nom de la jeune fille, s'éprend d'amour
« pour Ânanda, qui se soustrait difficilement à ses charmes. Elle se ré-
« sout alors à prier Sakia lui-même de favoriser ses vœux, et va l'attendre
« sous un arbre, près de la porte de la ville par laquelle il devait sortir
« après avoir mendié son repas du jour. Il sort, en effet, et apprend de
« la jeune fille sa passion pour Ânanda, ainsi que l'intention où elle est
« de le suivre. Profitant de cette disposition pour convertir Prakriti,
« le Bouddha, par une série de questions, qu'elle peut prendre dans le
« sens de son amour, mais qu'il fait sciemment dans un sens tout reli-
« gieux, finit par ouvrir ses yeux à la lumière, et par lui inspirer le dé-
« sir d'embrasser la vie ascétique. C'est ainsi qu'il lui demande si elle
« veut suivre Ânanda, l'imiter dans sa conduite, porter les mêmes vête-
« ments que lui, c'est-à-dire le vêtement des personnes religieuses ; si
« elle est autorisée par ses parents, question que la règle de la discipline
« exige que l'on fasse à tous ceux qui veulent se faire mendiants boud-
« dhistes. La jeune fille répond à tout affirmativement ; mais Sakia exige
« le consentement formel de son père et de sa mère, qui viennent l'ac-
« corder. Alors, distinguant enfin le véritable objet de son amour,
« Prakriti reconnaît sa première erreur, et déclare qu'elle est décidée à
« entrer dans la vie religieuse. Le Bouddha, pour la préparer à recevoir
« sa loi, emploie la formule sacrée *Dharanj*, qui purifie l'homme de
« tous ses péchés et des souillures qu'il a contractées dans la série des
« existences antérieures auxquelles l'avait condamné la loi de la trans-
« migration. » Toutes les conversions opérées par Sakia sont faites par
ces mêmes moyens de persuasion, de bonté, joints aux précautions
que la prudence exige d'une secte qui s'élève au milieu de pouvoirs
établis. Du reste les conditions en sont faciles. Un brahmane avait deux
fils, qu'il faisait élever dans les règles d'instruction supérieure de sa
caste. L'aîné seul s'y montre propre, mais le second ne peut rien ap-
prendre, ni rien retenir. Alors, dit le père, « le premier sera un brah-
« mane *de Veda*, l'autre, seulement un brahmane *de naissance*, » distinction
remarquablement caractéristique du double rôle, religieux et social,
qu'avait dès lors cette caste dans l'Inde. Or ce brahmane ignorant se con-
vertit à Sakia et devient un bon bouddhiste, tout comme d'autres brahmanes, savants et révérés. Les malheureux, les mendiants, sont encore
bien reçus. C'est aussi un moyen d'échapper au despotisme illimité des
rois et aux craintes qu'inspiraient leurs violences. Djotika était un personnage riche, qu'une puissance surnaturelle comblait d'une inépuisable

prospérité. Un roi lui tendait des embûches continuelles pour s'emparer de ses biens. La grâce le pénètre ; il les distribue aux pauvres, se fait religieux mendiant, à la suite du Bouddha, et recouvre une existence paisible. Pour propager cette doctrine d'égalité dans la foi, et de refuge dans la pauvreté, Sakia n'avait nul besoin de s'annoncer comme une nouvelle incarnation du Vichnou brahmanique. Il n'est qu'un homme, un fils de roi devenu religieux, qui se recommande seulement au peuple par l'autorité de sa vertu et de sa science. La croyance universellement admise dans l'Inde, qu'une grande sainteté est toujours accompagnée de facultés surnaturelles, lui donnait tout le prestige nécessaire pour dominer les imaginations. Cela lui suffisait pour justifier sa mission par un passé composé d'épreuves et d'actes antérieurement accomplis, dont il avait conservé la conscience, comme un autre Pythagore. « Ce passé n'est pas exclusivement divin. Le Bouddha avait, « ainsi que tous les êtres, roulé dans le cercle éternellement mobile de « la transmigration. Il avait précédemment traversé une multitude « d'existences successives, dans des corps d'animaux, de damnés, « d'hommes et de dieux, tour à tour vertueux et criminel, récompensé « et puni, mais accumulant peu à peu les mérites qui devaient le rendre « agréable aux Bouddhas des époques dans lesquelles il vivait, et lui as- « surer finalement leur bénédiction. Dans ce système, Sakia ne relève « d'aucun dieu : il tient tout de lui-même et de la grâce d'un Bouddha « antérieur, d'un Bouddha temporaire, dont l'origine n'est pas plus di- « vine que la sienne. Les dieux n'interviennent pas ici comme auteurs « des choses ; ils ne créent pas plus le Bouddha qu'ils ne l'empêchent de « se former. Loin de là, dans ce système d'idées, les dieux brahmaniques « ne sont plus que des êtres doués d'un pouvoir infiniment supérieur à « celui de l'homme, mais, comme lui, soumis à la loi fatale de la trans- « migration. Leur existence semble n'avoir d'autres motifs que le besoin « éprouvé par l'imagination, de se représenter la composition, encore « plus que la création de l'univers, et de peupler les espaces infinis « qu'elle conçoit au delà du monde apparent. »

Ce tableau du bouddhisme naissant, tout incomplet qu'il est, tronqué, mutilé, dépouillé d'une foule de traits de mœurs que je ne puis reproduire et qui le rendent vivant dans le livre de M. Burnouf, suffit déjà pour montrer à tous les yeux l'incontestable vérité des circonstances historiques les plus importantes qu'il a voulu établir. Ainsi on ne pourra plus se demander lequel, du système bouddhique ou du système brahmanique a précédé l'autre : question si souvent débattue, et que l'on a voulu résoudre récemment par la supposition de l'antériorité du bouddhisme, en se fondant sur ce que les monuments épigraphiques les plus anciens que l'on découvre dans l'Inde lui appartiennent exclusivement. Cet argument négatif n'a plus aucune force en présence des textes. Toute l'action de Sakia intervient, s'opère, dans le brahmanisme préexistant, et dominant l'Inde par sa hiérarchie politique et religieuse, le réseau de ses castes, ses peines, ses récompenses futures et toute sa mythologie. Les brahmanes se montrent dès l'abord opposés au novateur; ils le réprouvent et le combattent par la parole. Quelques princes, touchés de sa sainteté, l'accueillent, d'autres le repoussent. Voilà bien les premières phases d'une secte nouvelle qui commence à se propager. Mais, lorsque la doctrine de l'ascète isolé se répandit dans les masses et entraîna les populations, le brahmanisme dut y reconnaître le germe d'un grand mouvement qui allait détruire tout son prestige et tout son pouvoir, s'il ne l'arrêtait par la persécution la plus acharnée. En effet, quoi de plus contraire au fond, bien que de moins hostile dans les apparences? Sakia ne nie point la hiérarchie des castes; il l'explique même, comme les brahmanes, par la justice des peines et des récompenses, attribuant la bassesse de la naissance aux actions coupables commises dans des existences antérieures. Mais il apporte les moyens infaillibles pour y échapper, dans cette vie, par la pauvreté et la communauté, dans l'avenir, par l'anéantissement. « Selon lui, le monde est « dans un perpétuel changement : la mort succède à la vie et la vie à la « mort. L'homme, comme tout ce qui l'environne, est soumis à l'éter- « nelle fatalité de la transmigration ; il passe par toutes les formes de la « vie, depuis les plus élémentaires jusqu'aux plus parfaites; sa place, « dans l'immense série des êtres, dépend du mérite des actions qu'il ac- « complit en ce monde. Ainsi l'homme vertueux, après cette vie, doit « renaître avec un corps divin, le coupable avec un corps de damné. » Jusque-là, rien d'essentiellement contraire au brahmanisme. Mais voici où la ligne de séparation inconciliable se montre. « Selon Sakia, les ré- « compenses et les châtiments n'ont, comme le monde même, qu'une « durée restreinte. Le temps épuise le mérite des actions vertueuses et « la faute des mauvaises. La loi éternelle du changement ramène égale- « ment sur la terre le dieu et le damné, pour les soumettre, l'un comme « l'autre, aux misères de la vie, et leur faire parcourir une suite iné- « puisable de transformations toujours nouvelles. L'unique moyen de s'y « soustraire, qu'apporte la loi nouvelle, c'est l'anéantissement complet, « dont la mort physique n'est que le signe précurseur pour quiconque « mérite de l'obtenir. » Ceci, joint au mélange des castes, est le principe destructeur du système brahmanique. On conçoit que les brahmanes aient dû s'attacher à le détruire, à l'extirper par tous les moyens politiques et religieux qui étaient en leur puissance, et par lesquels ils ont réussi à l'expulser entièrement de toutes les parties de l'Inde où pouvait s'étendre leur domination. Voilà pourquoi, en retrouvant et mettant au jour ces véritables traits de la naissance du bouddhisme indien, M. E. Burnouf a pu dire qu'il le conduirait jusqu'au moment où il entre dans l'histoire de l'Inde. Mais ce premier fondement nécessaire et certain de toute recherche historique ultérieure n'avait jamais été distinctement posé et établi comme il l'a fait. Au reste, le résultat est plus beau qu'il ne l'a dit et qu'il ne lui convenait de le dire : c'est une grande page retrouvée de l'histoire générale du genre humain.

Nourris, comme nous le sommes, dans la spiritualité du christianisme, cette religion de l'âme, où le bonheur d'une vie intellectuelle, éternellement pure, est promis au juste pour prix de la vertu, et offert au coupable comme suite du pardon toujours accordé au repentir, nous avons peine à comprendre par quelle aberration d'idées l'extinction de tout sentiment physique et moral, en un mot l'anéantissement, ou le *nirvâna* bouddhique, peut être présenté comme un but désirable, et accueilli comme une espérance par des peuples qui, si simples qu'on les suppose, sont pourtant doués de cette faculté intelligente dont l'expansion indéfinie inspire naturellement à tous les hommes le désir, sinon l'espoir, d'un état futur, où ils pourront être dédommagés des souffrances endurées dans cette vie. Mais nous concevrons mieux ce fait, si nous considérons de près les effroyables terreurs que doit inspirer aux populations indiennes leur croyance séculaire dans la fatalité de la transmigration, qui ramène éternellement l'homme à travers les misères de l'existence physique, en le punissant, à chaque retour, de fautes antérieures dont il n'a plus la conscience, ni le souvenir pour se préserver d'y retomber. Déjà on a pu voir que le bouddhisme ne détruit point ce dogme; il s'appuie, au contraire, sur l'effroi qu'il inspire, et en tire un de ses moyens de conversion les plus puissants. Il aurait, sans doute, tenté vainement de le détruire dans l'esprit des populations indiennes, où le brahmanisme sacerdotal, et les livres brahmaniques de toutes les époques, se sont attachés, s'attachent encore à l'enraciner profondément, le détaillant sous mille formes et le revêtant des couleurs les plus terribles. Parmi tant d'exemples que l'on pourrait apporter de ces conceptions saisissantes, j'en citerai un, que je tire du Bhagavata Pourâna, ouvrage dont les deux premiers volumes ont été traduits du sanscrit par E. Burnouf, il y a quelques années. C'est un poëme religieux en l'honneur de Chrichna, supposé l'incarnation de Vichnou, deuxième personne de la triade indienne. Quoiqu'on le croie moderne, il est dans l'Inde un des livres brahmaniques les plus vénérés. En racontant la série des misères auxquelles l'homme est astreint par la loi de la transmigration, l'auteur hindou décrit, au chapitre XXXI, les phases de son retour à une nouvelle existence temporaire. Il considère alors l'embryon humain, à partir de l'instant de la conception, lorsqu'il n'est encore qu'un germe imperceptible. Bientôt il devient une masse de chair informe, où se développent peu à peu une tête, des bras, des pieds, des mains, des ongles, et tous les autres organes physiques qui doivent le spécifier. Arrivé à cinq mois, le poëte vous le montre péniblement replié sur lui-même, endormi dans les plus ignobles réceptacles du ventre de sa mère, sans connaissance de son individualité morale, mais ressentant déjà les angoisses de la faim et de la soif, qu'il ne dépend pas de lui d'apaiser. Dans cette condition misérable, il s'éveille, en reçoit la notion distincte, avec le souvenir désespérant de toutes les mauvaises actions qu'il a commises dans ses existences précédentes, et la prescience des douleurs, des souffrances, par lesquelles il va en être puni dans le cours d'une nouvelle vie. Dès lors, effrayé, sans repos, cet être infortuné s'agite vainement au milieu de ses terreurs, déplorant la triste mais inévitable destinée qui l'attend. Enfin, lorsqu'il ne peut supporter cet état effroyable, Maya, la déesse des illusions, qui en fait son jouet, lui ôte la mémoire, la conscience de son passé, puis le lance dans la vie, à travers les déchirements, les cris, le sang et les pleurs. Conçoit-on maintenant que l'extinction absolue de l'individualité, l'anéantissement complet de l'âme et du corps, en un mot, le nirvâna bouddhique, avec son insensibilité, sa torpeur, et son exemption de tout sentiment moral et physique, ait pu être annoncé et accepté comme un salut et une délivrance, comparativement à la succession, fatalement éternelle, de pareilles conditions? La voilà donc cette sagesse tant vantée de l'Inde, cette religion morale, élevée, pure, car on lui a prodigué tous ces titres, pleine de mythes sublimes, dont on a tant célébré les hautes abstractions! La voilà présentée, pour la première fois, dans sa nudité pratique, dans sa réalité historique, telle qu'elle a existé depuis tant de siècles, telle qu'elle subsiste encore aujourd'hui. Sans doute, personne n'a droit de se louer des avantages qu'il tient de la destinée; mais, quand on se représente bien le sort des malheureuses populations qui ont subi, depuis un temps immémorial, le joug de superstitions si terribles, on peut se féliciter d'être né chrétien.

———————

Dans ce qui précède, M. E. Burnouf nous a montré la naissance et le premier établissement du bouddhisme indien, en le définissant surtout par les actes, le mode d'enseignement et les paroles mêmes du réformateur qui l'a introduit au milieu des institutions brahmaniques. Maintenant, s'appuyant toujours sur les textes originaux d'où il avait tiré ces premiers faits, il cherche à y découvrir quelles ont été les règles de discipline morale et pratique, primitivement attachées à ce nouveau système religieux, et les idées métaphysiques, originairement associées comme croyance à sa conception, ou aux premières phases de son développement. C'étaient là, en effet, deux compléments indispensables du tableau que M. E. Burnouf avait voulu tracer; et ils occupent la seconde moitié de son ouvrage. Mais cette partie de son travail devait, par la nature du sujet, se composer de particularités dont les preuves détaillées ne sauraient bien se voir et s'apprécier que dans l'exposition même qu'il en donne. C'est pourquoi, me bornant à recommander cette intéressante lecture aux personnes érudites qui voudront en faire un objet d'étude spécial, j'essayerai seulement d'en rassembler ici les résultats généraux, que je reproduirai, autant que cela me sera possible, dans les termes par lesquels l'auteur les a lui-même exprimés, afin que l'on y trouve l'énoncé fidèle des faits qu'il est parvenu à établir.

Comme on devait s'y attendre, dans les textes où Sakia paraît en personne réelle, et que les formes de leur rédaction désignent pour les plus anciens, la discipline se voit réalisée en pratique, plutôt que régularisée ou prescrite dogmatiquement. Pour se faire religieux bouddhiste il suffit de se sentir touché par la foi, de déclarer au Bouddha la ferme volonté de le suivre, et de prouver qu'on est libre ou autorisé à cet effet, le fils ou la fille par ses parents, l'esclave par son maître. Les individus contrefaits, atteints de maladies incurables, ou coupables d'un des quatre grands crimes condamnés par les brahmanes, le meurtre, l'ivrognerie, le vol et l'inceste, ne sont point admis; s'ils l'ont été par erreur, on les rejette. Le mode d'admission est fort simple. Le Bouddha faisait raser les cheveux et la barbe du néophyte; il lui faisait prendre pour vêtement un manteau composé de haillons rapiécetés et teints en jaune, la nudité qu'affectent les ascètes brahmaniques étant formellement proscrite comme violation de la pudeur. Ainsi revêtu, il était mis sous la direction d'un religieux plus âgé, qui devait l'instruire, ce que faisait, dans les premiers temps, Sakia lui-même, lorsque ses disciples étaient encore peu nombreux. Après un noviciat dont la durée paraît avoir été alors abrégée en raison de la rareté des adeptes et de la ferveur d'un prosélytisme naissant, l'aspirant était reçu religieux bouddhiste, désormais séparé du monde, devant subsister uniquement d'aumônes mendiées chaque jour ; devant aussi se montrer chaste, humain, secourable, patient à souffrir toutes sortes de mauvais traitements et d'injures, non-seulement avec résignation, mais avec reconnaissance, comme expiation de ses fautes antérieurement commises.

Le mode de vie que Sakia recommande, et qu'il avait longtemps pratiqué lui-même avant de prendre le titre de Bouddha, c'est la solitude contemplative. Néanmoins, pendant les quatre mois que dure la saison des pluies dans l'Inde, les communications étant rendues difficiles, les religieux pouvaient discontinuer leur vie de mendiants vagabonds, et se retirer temporairement dans des demeures fixes, résider chez des brahmanes bienveillants ou chez des chefs de famille qu'ils savaient leur être favorables ; là, s'occuper à méditer sur les points de leur croyance, ou travailler à la répandre par l'instruction et les bons exemples. Cette saison expirée, ils devaient se réunir de nouveau en assemblées de fidèles, et s'interroger mutuellement sur les points de doctrine qu'ils avaient médités pendant leur retraite. Cet usage, que les textes s'accordent à faire reconnaître comme très-ancien, dut naturellement déterminer bientôt l'organisation des religieux en un corps régulier, et amener l'établissement des monastères fixes, que l'on trouve plus tard avoir été si multipliés dans toutes les parties de l'Inde où le bouddhisme était devenu florissant.

Une particularité bien remarquable de ces assemblées, qui paraît remonter aux premiers temps du bouddhisme et avoir été contemporaine de Sakia lui-même, c'est l'institution de la confession publique. « On la « voit, dit M. Burnouf, fermement établie dans les plus anciennes légendes, « et il est aisé de reconnaître qu'elle tient aux bases mêmes des croyances « bouddhiques. La loi fatale de la transmigration attache, comme nous « l'avons dit, des récompenses aux bonnes actions, des peines aux mau- « vaises. Elle établit même la compensation des unes par les autres, en of- « frant au coupable le moyen de se relever par la pratique de la vertu. Là « est l'origine de l'expiation, qui tient tant de place dans la loi brahma- « nique. Le pécheur, en effet, outre l'intérêt de sa réhabilitation présente, « devait aspirer à recueillir, dans une vie ultérieure, les fruits de son « repentir. Cette doctrine est passée dans le bouddhisme, qui l'a reçue « toute faite, avec tant d'autres éléments de la société indienne. Mais « elle y a pris une forme nouvelle, qui en a considérablement modi- « fié l'application pratique. Les bouddhistes ont continué de croire, « comme les brahmanes, à la compensation des mauvaises actions par « les bonnes, car ils admettaient comme eux que les unes étaient fatale-

« ment punies, les autres fatalement récompensées. Mais, d'une autre
« part, ne croyant plus à l'efficacité morale des tortures, et des supplices
« volontaires ou involontaires par lesquels, selon les brahmanes, le
« coupable pouvait effacer ses crimes, idée que Sakia a formellement
« réprouvée, l'expiation se trouva naturellement réduite à son principe,
« c'est-à-dire au sentiment du repentir ; et la seule forme qu'elle reçut
« dans la pratique fut celle de l'aveu ou de la confession. La formule
« expiatrice était : A cause de cette faute, confesse que tu as péché ; et,
« par cet aveu accompagné de repentir, ta faute sera diminuée, elle sera
« détruite, elle sera pardonnée. » Dès lors les bouddhistes n'eurent plus
aucun intérêt à se précipiter sous les roues du char de Djagannâtha,
pour y chercher l'expiation dans la mort, ni à s'imposer, pour le même but,
les pratiques cruelles des ascètes brahmanes ; et si, dans leurs anciennes
légendes mêmes, on voit quelques rares sacrifices de la vie, déterminés
par une exaltation insensée du sentiment de charité, poussé jusqu'à
s'abandonner volontairement en proie à des animaux affamés, ces erreurs
déplorables ne furent que des applications exagérées du principe primitif, erreurs trop bien expliquées par la funeste doctrine de la transmigration, qui rabaisse l'homme à l'égal des brutes, dans la succession
commune de leurs existences temporaires. Du reste, l'aveu ou la confession des fautes est évidemment une des conditions les plus naturelles,
je dirais presque une forme nécessairement préalable du pardon, dans
toute croyance religieuse où il s'obtient par le repentir ; et il n'est pas
besoin d'attribuer à des communications matérielles d'idées ou de personnes l'identité d'une pratique qui dérive, comme conséquence logique, du principe commun auquel on la trouve associée[1].

Par une autre conséquence également nécessaire, que M.E. Burnouf a
aussi judicieusement signalée, le bouddhisme indien primitif ne pouvait
pas donner lieu à ce qu'on appelle proprement un culte, en prenant ce
mot comme exprimant des actes d'adoration envers un être divin et suprême. Le Bouddha indien n'est pas un dieu mais un homme. Aussi les
cérémonies qui se rapportent à ce sujet, dans les légendes, offrent-elles

[1] Dans les Dits mémorables des Lacédémoniens, parmi lesquels il y en a beaucoup qui sont fort peu dignes de mémoire, Plutarque rapporte qu'Antalcidas ayant
voulu se faire initier aux mystères de Samothrace, comme le prêtre lui demandait
de confesser les fautes qu'il avait commises, « Dieu les connaît, » répondit fièrement
le Lacédémonien ; et ce mot a été souvent cité comme très-philosophique. Il l'est
très-peu, ce me semble. La confession des fautes, faite devant les hommes, est la
condition la plus juste et la plus morale du pardon. Faite en secret à Dieu, elle est
inutile : il les a vues.

seulement le caractère de vénération et d'hommages rendus à sa mémoire. « On se rassemblait devant l'image du Bouddha, pour lui faire
« des offrandes de fleurs et de parfums, en récitant des chants et des
« formules pieuses, accompagnées du bruit des instruments. Du reste,
« aucune trace de sacrifices sanglants, ni d'offrandes transmises à une di-
« vinité par l'intermédiaire du feu : d'abord parce que le premier prin-
« cipe fondamental de la doctrine bouddhique est de ne tuer aucun être
« vivant; ensuite parce que la théorie du Véda, suivant laquelle les dieux
« se nourrissent de ce qu'on livre au feu, leur messager sur la terre, est
« radicalement incompatible avec les idées bouddhiques. Le culte, en
« effet, chez les bouddhistes, ne s'adresse pas à un dieu suprême, caché
« dans le monde idéal, et chef d'une multitude de dieux secondaires dis-
« persés dans les éléments matériels, comme le conçoit l'imagination des
« brahmanes. Il n'a que deux objets : la représentation de Sakia, et quelques
« portions de ses os, conservés dans des édifices rendus sacrés par leur pré-
« sence. Ce dernier trait encore fait une ligne de séparation bien marquée
« entre les deux croyances, car les brahmanes éprouvent une horreur in-
« vincible pour tout ce qui a eu vie; et ils se purifient soigneusement lors-
« qu'ils ont rencontré de tels objets, dont la vue seule est pour eux une
« souillure. Enfin les mots mêmes confirment cette distinction; car, chez
« les brahmanes, le culte est appelé vadjña, c'est-à-dire *sacrifice*; et, chez
« les bouddhistes, il s'appelle pûdjâ, c'est-à-dire *hommage* ou *honneur*. » Tous
les linéaments que je viens de rapprocher sont successivement établis
par M. E. Burnouf, sur des passages tirés des textes originaux, et ils
sont complétés par une foule de particularités sur la hiérarchie des religieux, leurs ordres, leurs rangs relatifs, les dénominations de ces rangs,
et les fonctions qui leur étaient attachées. Mais, quoique je sente bien
l'importance, la nécessité de ces détails, pour donner la vérité et la vie
à un tableau historique, je ne puis les reproduire dans cette esquisse. Il
faut les voir dans l'ouvrage même.

Je me hasarderais plus témérairement encore, si j'entreprenais une
exposition détaillée de la dernière partie de l'ouvrage de M. E. Burnouf
qui traite de la métaphysique bouddhique, parce que c'est celle où la
connaissance profonde de la littérature et des croyances indiennes devient indispensable pour le suivre. Ce n'est pas, comme on pourrait le
croire par le titre du sujet, qu'il ait pris plaisir à se plonger dans ce
chaos de conceptions fantastiques propres aux imaginations de l'Inde,
où des rêveries abstraites roulent dans un monde fictivement inventé,
que remplissent des multitudes indéfinies de divinités fabuleuses; véritables songes, près desquels les métamorphoses d'Ovide sembleraient un

livre d'histoire, et auxquels un des esprits les plus distingués de notre
époque, A. Rémusat, a malheureusement dévoué pendant trop de
temps les forces de son intelligence, pour essayer de reconstruire en un
système unique les matériaux incohérents de tous les âges du bouddhisme que les livres chinois lui fournissaient. M. Burnouf a considéré
les textes métaphysiques de la collection népalaise sous un point de vue
tout différent, qui lui en a fait tirer des applications bien plus utiles,
comme j'essayerai de l'indiquer tout à l'heure. Mais auparavant je reproduirai, d'après lui, le seul de ces systèmes qui, dans les textes du Népaul,
paraît devoir se rapprocher le plus de l'époque de Sakia.

Selon ce qu'a vu M. Hodgson, toujours honorablement rappelé par
M. E. Burnouf, chaque fois qu'il en trouve l'occasion, l'école philosophique du Népaul, si l'on peut lui appliquer cette épithète, se partage
en deux sectes principales, celle des naturalistes et celle des théistes, la
première antérieure à la seconde; puis cette dernière se subdivise en
deux autres, celle des moralistes et celle des spiritualistes. Nous attachant donc ici à la plus ancienne, voici quel serait le résumé de son
système :

« Elle ne reconnaît point de principe spirituel, et ne voit dans tout que
« la nature sous deux acceptions: l'une générale, absolue, existant par
« elle-même, cause ou plutôt matière composante du monde; l'autre
« particulière à chaque être, et constituant son individualité. Cette na-
« ture éternelle a des énergies propres, parmi lesquelles l'activité, même
« l'intelligence; elle a deux modes : le pravitti ou l'existence actuelle,
« le nirvritti, la cessation ou le repos. Les pouvoirs de la nature sont
« sous leur forme propre dans l'état de nirvritti. Ils prennent une
« forme animée et sensible dans l'état de pravitti, où la nature entre
« spontanément, sans la volonté ni l'action d'aucun être distinct d'elle-
« même. La création et la destruction de l'univers sont amenés par la
« succession éternelle de ces deux états de la nature, non par la volonté
« d'un Dieu créateur, qui n'existe pas. A l'état de pravitti, ou d'activité,
« appartiennent les formes matérielles de la nature; elles sont passagères
« comme les autres phénomènes de l'ensemble où elles apparaissent.
« Les formes animées, au contraire, dont la plus élevée est l'homme,
« sont capables de parvenir, par leurs propres efforts, à l'état de nir-
« vritti; c'est-à-dire qu'elles peuvent s'affranchir de la nécessité de re-
« paraître parmi les phénomènes passagers de la pravitti. A cette phase
« de la doctrine, l'école naturaliste se divise. Les uns admettent que les
« âmes qui ont atteint le nirvritti conservent, dans cet état, le sentiment
« de leur personnalité, avec la conscience du repos dont elles jouissent

« éternellement. Les autres croient que l'homme, délivré de la pravṛitti
« et parvenu à l'état de nirvṛitti, tombe dans la nullité absolue, et est
« anéanti pour jamais. »

A partir de cette origine, M. E. Burnouf nous montre les idées
bouddhiques se séparant, comme d'un tronc principal, en une multitude de ramifications divergentes, produit naturel et nécessaire du
temps, des circonstances, des lieux où s'est opéré leur développement. Il
nous les fait voir, non comme de simples caprices philosophiques, mais
comme les effets des causes réelles qui se réunissaient pour modifier
rapidement la psychologie d'une doctrine alliée à des croyances mons-
trueuses, s'attachant à régler les actes du corps par des pratiques
plutôt qu'à diriger l'âme par des sentiments, et livrant la pensée aux
aberrations de la contemplation individuelle, sans la guider ni la res-
treindre : d'abord la vie oisive et rêveuse des cloîtres, les habitudes
fantastiques des imaginations indiennes, leur penchant indéfini vers le
merveilleux ; puis le désir qu'ont eu les bouddhistes de s'approprier
les mythes les plus populaires du brahmanisme ; et le dessein formé
par quelques brahmanes de faire rentrer les conceptions bouddhiques
dans leur domaine, après en avoir triomphé. Toutes ces variations de la
doctrine primitive, M. E. Burnouf les suit pas à pas dans son ouvrage,
non pour le motif futile d'y exposer en détail d'inutiles abstractions,
mais pour retrouver, dans la diversité des systèmes et jusque dans
les mots mêmes qui les expriment, des époques relatives d'idées, par
lesquelles on puisse les classer historiquement, et en tirer des indications critiques, applicables aux monuments figurés de l'Inde, tant
à ceux qui ont conservé le caractère purement bouddhique, qu'à ceux
que le brahmanisme s'est efforcé de s'approprier par des additions pos-
térieures. La connaissance profonde des langues indiennes, l'érudition
la plus étendue et la plus sagace, deviennent indispensables pour une
discussion pareille, et ces avantages n'ont pas manqué à M. E. Burnouf ; mais je ne puis, tout au plus, qu'indiquer, comme je viens de
le faire, le but qu'il a voulu atteindre, sans le suivre dans la voie
épineuse par laquelle il y est arrivé.

Cette restitution du bouddhisme indien primitif, sur laquelle il
concentrait les forces de son esprit, n'a pas dû le conduire jusqu'à en
suivre le développement hors de l'Inde ; c'eût été une recherche pré-
maturée, et l'on ne me supposera pas la témérité d'aborder une tâche
qu'il a cru lui-même devoir remettre à un autre temps. Toutefois, après
avoir lu son ouvrage, on devine aisément la nature générale de l'action
que cette doctrine a dû exercer sur les peuples barbares, et encore

presque sauvages, chez qui elle s'est transmise, ainsi que les modifications profondes qui ont dû s'y produire quand elle s'est associée à leurs superstitions propres et à leurs mœurs. Il y aurait de l'exagération à dire, comme on l'a fait quelquefois, qu'elle a *civilisé* les populations situées à l'orient et au nord de l'Inde, celles de Siam, de la Cochinchine, et les hordes nomades de la Tartarie. Mais, avec le dogme funeste de la transmigration, dont elle a infecté ces dernières, elle a porté aux unes et aux autres quelques préceptes d'humanité, de moralité, qui ont dû les rendre moins abruties ou moins féroces. Toutefois, ce n'est plus là, sous ses formes modernes, qu'on peut l'étudier philosophiquement; elle s'y est dégradée, comme cela doit arriver à toute croyance qui se manifeste surtout par des actes matériels, sans être appuyée sur l'épuration des intelligences et des sentiments. Rien n'est plus odieusement opposé aux règles primitives de chasteté du bouddhisme indien que les infâmes pratiques des prêtres bouddhistes de Camboge, telles que les vit, à la fin du xiiie siècle, un voyageur chinois dont A. Rémusat n'a osé rendre les expressions que par une traduction latine, dans un mémoire destiné aux seuls érudits. Les vrais caractères du bouddhisme ancien ne peuvent pas davantage se reconnaître dans les actes mécaniques de piété que lui ont associés, je devrais presque dire auxquels l'ont réduit, les prêtres bouddhistes du Tibet et de la Mongolie. Pour montrer à quel point de dégénération est descendue, chez eux, une doctrine qui avait le défaut de s'adresser au corps, non à l'âme, j'en rapporterai une particularité bien connue des indianistes, mais dont l'application fut accompagnée une fois de circonstances fort singulières, que plusieurs d'entre nous ont pu entendre raconter à la personne qui se trouva y intervenir, comme occasion, acteur et témoin. Si l'anecdote n'est pas, dans certains détails, tout à fait aussi sérieuse que je le voudrais, je tâcherai de revenir, par quelque transition, à des considérations plus graves.

Les premiers disciples de Sakia-Mouni, ou peut-être lui-même, avaient recommandé, comme une pratique très-pieuse, de considérer souvent les grands préceptes de la loi sous diverses acceptions spéculatives, ce que les plus anciennes légendes du Népaul appellent symboliquement *faire tourner la roue de la loi*. Par une simplification commode, les bouddhistes postérieurs trouvèrent bon de prendre cette recommandation dans un sens mécanique. Ils confectionnèrent donc de véritables roues, dont le contour était extérieurement recouvert de formules tirées de leur croyance, de sorte qu'en les faisant tourner on se procurait manuellement les mérites attachés à la répétition des formules, d'autant plus nombreux qu'on tournait la roue plus souvent, ou plus vite. D'après plusieurs passages du Foé-koue-ki, M. E. Burnouf présume que, lors du voyage de Fa-Hien, au ve siècle de notre ère, il existait déjà, au moins dans le nord de l'Inde, de ces *roues à prières*, dont on ne connaît pas les formules; mais il n'en a trouvé aucune mention ni aucune trace dans les anciens sutras du Népaul et de Ceylan, ce qui en présente l'invention comme relativement moderne. Quant à l'obtention des mérites par la répétition orale, c'était une croyance brahmanique très-ancienne, que les bouddhistes ont dû naturellement s'approprier.

Ce procédé de dévotion facile est aujourd'hui universellement pratiqué par les prêtres bouddhistes du Tibet et de la Mongolie. Dans l'intérieur de leurs temples, si l'on peut donner ce nom à des cabanes, on voit un grand nombre de ces roues à prières, diverses de formes et de grandeur, qui sont destinées à leur usage personnel. Mais, en outre, devant la porte principale, il y a une roue ordinairement plus grande, conduite par une manivelle ou par le moyen de l'eau, que l'on fait tourner à l'intention des fidèles, pour de l'argent, ce qui est une bonne source de revenu.

La formule inscrite, et continuement répétée sur le contour de ces roues, contient quatre mots sanscrits tracés en caractères tibétains, lesquels, en écriture européenne, ont pour équivalents :

Om ! mani padmæ hûm !

D'après des interprétations indubitables (on sent bien que je ne suis ici qu'un narrateur [1]), le premier mot sanscrit, *om*, s'assimile à nos trois lettres *a-u-m*, et forme, pour les brahmanes, un monosyllabe sacré très-ancien, déjà employé dans les Védas, conséquemment fort antérieur au bouddhisme. Ils le considèrent comme désignant l'être suprême sous sa notion la plus générale, comme nous dirions LE GRAND LUI, et sa répétition est supposée assurer des mérites religieux. Les deux mots suivants signifient « le joyau dans le lotus; » ils ont trait à une croyance tibétaine selon laquelle un des boddhisattwas divins, ultérieurs à Sakia, aurait reçu de lui la mission de rendre ces contrées habitables, et y serait apparu pour ce but dans une fleur de lotus. Ceci

---

[1] Je tire ces détails d'une dissertation insérée par Klaproth au tome VII du Journal asiatique de Paris, 2e série, en les complétant par les indications écrites que M. E. Burnouf a bien voulu me donner. Il parle occasionnellement de la formule tibétaine en deux endroits de son ouvrage, p. 82 et 225, en s'accordant avec Klaproth pour la présenter comme je l'ai fait.

explique pourquoi M. E. Burnouf n'a pas trouvé cette formule dans les anciens sutras simples du Népaul, où ce boddhisattwa ne figure point encore. Selon l'histoire tibétaine, elle aurait été apportée de l'Inde, au vii° siècle de notre ère, par un savant bouddhiste, qui enseigna aussi à ces peuples l'art de l'écriture. Le dernier mot, *hûm*, équivaut à notre *ainsi soit-il!* La formule entière, sous cette double acception, nationale et religieuse, est supposée avoir une efficacité morale et physique universelle, quand elle est prononcée. Certains prêtres passent leur vie à la répéter continuellement du matin au soir, en comptant sur un chapelet et écrivant à la fin de chaque jour combien de fois ils l'ont proférée.

Vers l'an 1823, le baron Shilling, de Canstadt, fut envoyé par le gouvernement russe dans les provinces de la Mongolie qui confinent à la Chine, et qui sont soumises à l'empire de Russie. Il y trouva des prêtres bouddhistes en plein exercice de leur religion, et faisant un très-profitable usage des roues à prières. Comme il s'était fort occupé de la langue tibétaine, il avait un grand désir d'obtenir une collection de leurs livres religieux, que l'on ne possédait pas encore complètement dans nos bibliothèques. Mais les prêtres ne voulaient pas s'en dessaisir, pour aucune offre qu'il pût leur faire. Toutefois, comme c'était un homme persévérant et fort adroit, il chercha si bien le joint de leur intérêt, qu'il finit par le trouver et les décider. Il rencontra un monastère dont la roue à prières était si délabrée, qu'elle pouvait à peine servir aux vœux des fidèles, de sorte qu'elle perdait tous les jours de son crédit et de son application pratique, au grand détriment des religieux. Il leur proposa un échange : «Donnez-moi la collection de vos livres, je vous enverrai de Pétersbourg une si nombreuse collection d'*om mani padme hûm*, que vous pourrez en recouvrir cent roues comme celle-là.» Ils le crurent, et lui donnèrent leurs livres, tenant apparemment plus encore au temporel qu'au spirituel. Revenu à Pétersbourg avec son trésor, le baron dégagea dignement sa parole. Il fit graver la formule, en bons caractères tibétains, sur un poinçon d'acier dont il tira une matrice d'imprimerie, avec laquelle il la fit reporter sur des pièces de papier oblongues, propres à être appliquées sur le contour d'une roue, et qui chacune la contenaient répétée 2,501 fois [1]. Une

---

[1] Le choix d'un si grand nombre, terminé par une unité simple, doit n'avoir pas été fait sans intention; car il aurait été aussi facile, et en apparence plus naturel, de comprendre 2500 fois la formule dans une même planche, au lieu de 2501 fois. Frappé de cette singularité, j'en ai demandé à M. E. Burnouf la raison présumable.

énorme masse de ces feuilles précieuses fut chargée sur des chameaux, et envoyée au monastère. Quand les ballots furent ouverts, les religieux, se voyant possesseurs de tant de richesses, n'en pouvaient pas croire leurs yeux, d'autant que la formule était écrite en rouge, ce qui est bien moins vulgaire et bien plus méritant que la couleur noire. Mais, où il n'y eut plus de bornes à leur admiration, ce fut quand l'envoyé de M. Shilling, levant lentement une de ces feuilles de papier vers le ciel, leur fit voir, à contre-jour, le fameux *om mani padme hûm* incrusté en grands caractères dans la pâte du papier même. Ils en furent si charmés, si ravis, si transportés, que, dans leur exaltation, ils coururent piller un monastère voisin pour enlever une seconde collection de livres qu'ils adressèrent à M. Shilling. C'est en partie de là que proviennent les ouvrages tibétains et mongols donnés par lui à la bibliothèque de l'Institut de France.

En voyant des peuples dont toute la religion est bornée à de pareilles pratiques, des peuples d'ailleurs inoffensifs, et que l'on peut aborder sans danger, au moins dans les provinces russes, on serait porté à croire qu'il ne doit pas être très-difficile de leur communiquer les notions plus pures du christianisme, dont l'adoption serait même favorisée par la similitude de formes extérieures, qui semble en rapprocher quelques-unes de leurs institutions. Il n'en est rien pourtant, et le plus grand obstacle tient à une cause facile à deviner, après l'exposition donnée par M. E. Burnouf du principe commun sur lequel le bouddhisme et le brahmanisme se fondent[1]. Les missionnaires catholiques, établis depuis une dixaine d'années en Mongolie, ont vu leurs progrès s'étendre rapidement, depuis qu'ils ont converti et associé à leurs travaux plu-

et il a eu la bonté de me la donner dans la note suivante, qui rapporte ce choix bizarre à un usage indien fort curieux.

« J'ignore, dit M. Burnouf, si ce chiffre de 2501 est celui de la roue primitive
« que M. Shilling a eu l'intention de restaurer, ou si ce chiffre fait allusion à quelque
« particularité, inconnue jusqu'ici, des nombreuses classifications bouddhiques, telles
« que celles des mondes, des bddhisattwas, etc. Ce qu'il y a d'à peu près certain,
« c'est que l'addition de l'unité terminale n'est pas arbitraire ; elle a sa raison dans un
« usage ancien qui subsiste encore aujourd'hui dans l'Inde. Toutes les fois qu'il s'agit
« de nombres terminés par un zéro, on ajoute à ces nombres l'unité, à l'effet de
« mettre obstacle aux additions frauduleuses d'un ou de plusieurs zéros, additions
« que favorise l'emploi du système décimal. Randjit-singh ne donnait jamais à son
« trésorier un ordre de payement sans prendre cette précaution. Ce qui prouve que
« l'unité n'est pas en relation avec le nombre principal, c'est qu'elle ne croît pas avec
« ce nombre, et qu'on écrit 301, 201, comme on écrit 101, 51, 21. »

[1] Les détails suivants m'ont été communiqués par M. Stanislas Julien, qui les a extraits de sa vaste correspondance.

sieurs *lamas* instruits. Mais, de tous les préjugés qu'ils rencontrent, le plus difficile à déraciner, celui qui épuise le plus leurs efforts et leur constance, c'est la croyance à la fatalité de la transmigration, contre laquelle ils s'accusent avec humilité de n'avoir pas acquis assez de forces, et préparé des arguments assez puissants. Aussi conjurent-ils leurs confrères et leurs amis d'Europe de leur envoyer tout ce que la philosophie et la religion peuvent fournir d'armes pour combattre cette funeste erreur; mais, comme elle ne s'est jamais propagée en Occident qu'avec les caractères d'une spéculation philosophique, les orateurs chrétiens et les moralistes n'ont pas songé à la réfuter comme dogme religieux. Si l'on excepte Bossuet, dont le génie découvrait de si haut toutes les aberrations de l'esprit humain, et qui a décrit en traits de feu les effets de celle-là dans quelques lignes de son Discours sur l'histoire universelle [1], personne peut-être, avant l'apparition du livre de M. E. Burnouf, n'aurait su en pénétrer assez les profondeurs. On a envoyé ce livre aux missionnaires; il leur montrera les racines du mal, plus invétéré encore qu'ils ne le supposent; mais, pour trouver les moyens de le guérir, il faut qu'ils s'inspirent de Bossuet.

M. Burnouf, seul, sentira mieux que moi combien l'analyse que j'ai donnée de son ouvrage est incomplète. Je ne puis pas l'ouvrir sans y rencontrer une foule de traits d'érudition, de critique ou de mœurs, que j'ai malheureusement omis. Outre la connaissance des langues, qui me manquait, je n'avais pas assez vécu intellectuellement avec les Hindous pour pouvoir saisir tous ces linéaments, et les présenter assemblés, comme ils l'ont été dans la nature et dans l'histoire. J'ai seulement voulu y signaler un grand fait historique qui me semble complétement éclairci et fixé. On a vu, par les résultats, avec quel art et quelle sûreté de critique l'auteur a ouvert les nuages qui couvraient ce sujet, jusqu'à présent si obscur; comme il s'est plié habilement au génie du peuple qu'il étudiait, pour y distinguer les vérités toujours mêlées avec les fictions; évitant avec un égal soin l'écueil des interprétations imprudentes, et le préjugé dédaigneux, né de notre éducation européenne, qui nous porte à croire qu'on ne peut tirer aucun résultat exact de conceptions où les faits historiques ne sont pas systématiquement et numériquement consignés. Je ne le louerai point de la pureté de son style, ni de la netteté avec laquelle il a exposé des matières si difficiles; ces qualités sont des conséquences naturelles de la forte éducation classique qu'il a reçue immédiatement de son respectable père. Mais je le féliciterai de s'être plu

[1] *Discours sur l'histoire universelle*, 2e partie, édition stéréotype, t. II, p. 18.

à rendre une éclatante justice à tous ceux qui l'ont précédé dans ce
même genre d'étude, et d'avoir fait valoir, autant qu'il l'a pu, leurs
travaux, même quand il combattait quelques détails de leurs opinions.
Ce procédé est assez rare pour qu'on le remarque. M. E. Burnouf va
maintenant faire, sur les textes pâlis de Ceylan, le même travail de dissec-
tion qu'il a effectué sur ceux du Népaul; et, par ce qu'il trouvera, dans
ces deux sources, d'éléments communs ou dissemblables, il achèvera d'établir tous les traits qui caractérisent historiquement l'essence ainsi que
les premières phases du bouddhisme indien. Il lui restera alors à coordonner tous ces matériaux, de manière à en former un tableau complet
de la société indienne, à l'époque où cette doctrine y a pris naissance.
C'est une tâche difficile, mais qui n'est pas au-dessus de son savoir, ni de son
talent. L'Égypte, la Babylonie, l'Inde, la Chine, voilà en ce moment le vaste
champ de découvertes où la France marche la première, et qui s'offre
comme le plus riche à explorer. Les religions, les mœurs, l'organisation
sociale de ces anciens peuples de l'Orient, ce sont de belles pages à res-
tituer dans l'histoire humaine.

> Vixere............. ante Agamemnona
> Multi!

IMPRIMERIE ROYALE. — 1845.